Karl Maria Seyppel

Schlau, schlauer, am schlausten - Ägyptische Humoreske

Karl Maria Seyppel

Schlau, schlauer, am schlausten - Ägyptische Humoreske

ISBN/EAN: 9783743424418

Hergestellt in Europa, USA, Kanada, Australien, Japan

Cover: Foto ©ninafisch / pixelio.de

Manufactured and distributed by brebook publishing software (www.brebook.com)

Karl Maria Seyppel

Schlau, schlauer, am schlausten - Ägyptische Humoreske

Herrn Dr. H. Schliemann

in Athen

hochachtungsvoll gewidmet

vom

Verfasser.

Vorrede.

Wie schon so oft im Laufe der Zeiten, waren auch im Sommer 1882 die Augen der ganzen civilisirten Welt auf das alte Culturland am Nil gerichtet, wo Englands Krieger mit Arabis Schaaren kämpften. Viel Kapital und manche Schätze der Kunst fielen hierbei der Beutegier des Pöbels oder den Flammen zum Opfer. Aber kein Unglück ist so groß, daß es nicht auch ein Glück im Gefolge hat.

Im englischen Heere befand sich nämlich ein deutscher Schwärmer für Archäologie; denn überall da, wo es gilt den Schleier von der Vergangenheit zu lüften, ist der deutsche Gelehrte bei der Hand, und Aegypten hat er stets als ein seinen Forschungen besonders günstiges Gebiet betrachtet.

Nach der Einnahme von Kairo unternahm die englische Colonne, in deren Begleitung sich unser Archäologe befand, einen Streifzug nach den Pyramiden von Gizeh. Hier sollte es sein, daß der Zufall einen Zeugen der großen Culturepoche des alten Aegyptens zu Tage förderte, welcher

Tausende von Jahren im Schooße der Mutter Erde geschlummert. Beim Schaufeln einer Grube für das Wachtfeuer stießen die Söhne des schottischen Hochlandes auf merkwürdig bearbeitete Steine. Zwischen ihnen fand sich, wohl von Menschenhand einst dort verborgen, ein altägyptisches Buch „**Schlau, schläuer, am schläusten**", welchem der Zahn der Zeit freilich arg mitgespielt hatte, das aber trotzdem noch gut erhalten war. Der Anwesenheit unseres Freundes Archäologen verdankt das Werk seine Rettung vor der ihm jetzt noch drohenden Vernichtung und die gesammte Mit- und Nachwelt das Glück, daß wir diese einzige auf unsere Tage gekommene Probe der Dichtkunst und Malerei der alten Aegypter vorzulegen im Stande sind. Ihr Inhalt veranschaulicht uns die hohe Stufe der ägyptischen Cultur, welcher die Tugenden und Laster des modernen Lebens nicht mehr fremd sind. Aber der kindliche Sinn dieses hochinteressanten Volkes vermag uns mit der Sucht nach schnödem Gewinn auszusöhnen, so daß wir mit Befriedigung sehen, wie Schläue und Liebe die Rache entwaffnen.

So wandere nun hinaus, geliebter Schatz, auferweckt nach 3000jährigem Scheintode, befreit aus dem dunkeln Grabe, in die sonnige Welt zur Belehrung und Erheiterung unserer und späterer Generationen, begleitet von den Segenswünschen eines der

Größten Deutschen Gelehrten.

Meere trocknen, Felsen wanken,
Staub wird Alles, was besteht!
Stürme brausen, Reiche sanken,
Völkerherrlichkeit vergeht!
Alte Götter stürzen nieder,
Neue kommen auf den Thron,
Und was heute fromm und bieder,—
Morgen ist's veraltet schon!
Babel's Thurmbau selbst wird fallen,
Alle Pyramiden auch,
Ja der Erdball mit uns Allen
Wird zerstieben wie ein Hauch.
Darum Völker die ihr lebet —
Ob's Aegypter oder nicht —
Lustig lebet! — das erstrebet,
Dies sei eure erste Pflicht!
Jede Stunde rauscht vorüber,
Nutzet aus sie ungenirt.
Heissa lustig, drunter, drüber,
Alles wird doch rujinirt!

Rhampsinit,

Aegypten's König,

Aus der zwanz'ger Dynastie,

Hatte Schätze, ungewöhnlich Viel,

und

I.

hütet eifrig sie,

Doch des Goldes Schätze mehrten
Tag für Tag sich, immer zu;

Und die Sorgen ihn beschwerten,
Raubten Nachts ihm seine Ruh.

Wusst' sie nirgends mehr zu bergen, Alle Keller waren voll.

3.

Und den Wächtern, seinen Schergen,

Traute er nicht einen Zoll.

Da entbot er eines Tages,

4.

Eusippos, den Architekt'
Zu sich, sprach dann: "Freund nun sag es,
Wie den Schatz man gut versteckt!"

Dieser sprach: "Willst du vertrauen
Meiner grossen Kunst, wohlan,
Werd ein Schatzhaus dir bauen,
Woraus keiner stehlen kann!"

Schmunzelnd zog den Mund in Falten
Rhampsinit und sprach: "Mein Sohn,
Lass dann deine Künste walten,
Ehr und Gold, das sei dein Lohn.

5.

Morgen sollst du gleich beginnen.
Wo, das wollen wir mal sehn.
Komm wir wandern d'rum von hinnen
Suchend, wo das Haus soll stehn."

Und dann gingen sie auf Socken
Heimlich Nachts um den Palast,
Ohne Zaudern, ohne Stocken,
Manchmal tief durch den Morast.

Hier! ich hab's! — an dieser Mauer
Liegt mein eh'lich Schlafgemach.
Daran baust du, schlauer Bauer,
Morgen schon, wenn graut der Tag!"

Und dann gingen sie auf Socken
Schleunigst rückwärts zum Palast,
Ohne Zaudern, ohne Stocken,
Wiederum durch den Morast.

Beide legten dann sich nieder, Schnarchen laut,

der Wächter wacht.
Beide liessen hin und wieder Seufzer hallen durch die Nacht

Eusippos liess graben,

bauen,

7.

Liess dann 30 Tag und Nächte

Tragen in des Baues Raum
Alles Gold.—

Die armen Knechte jammerten,— Sie konntens kaum.

Und wie Alles wohlgeborgen,
Ruhe fand da Rhampsinit,
Denn die Qualen und die Sorgen
War er endlich los und quitt.

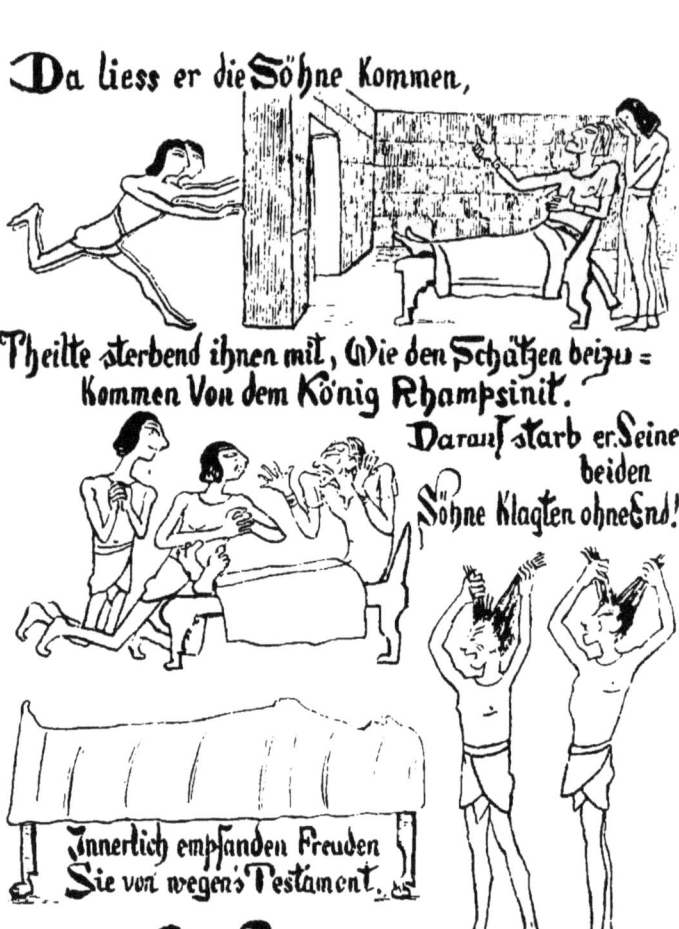

Leichenschmäuse absolviret,

Schoben lautlos durch die Nacht Eusiposens schlaue Söhne
Nach dem wicht'gen Quaderstein,

Um das blanke Gold, das schöne,
Ohne Scheu zu heimsen ein.
Richtig! was Papa gesprochen, Fanden wahr sie, auf ein Haar
Und das Loch ward schnell erbrochen,

Drinnen war das Brüderpaar.

Nacht ist's. Rabenschwarz und kühle;

Schaurig still. — Ein Sclave wacht.
Doch der König auf dem Pfühle
Schnarcht, wie er dies meistens macht.

Sonnenaufgang. Wohl geruhet.

Kläu!" so sprach der König, "Scheue
Keine Mühe, fang den Dieb.
Jetzt beweise Uns auf's Neue
Deine Schläue. 'S wär Uns lieb!"

Kläu, den Finger an der Gurke,
Sprach d'rauf seine Meinung aus
Und zum Schluss: "So wird der Schurke
Festgespickt, wie eine Maus!"

Hocherfreut tanzt da der Hehre Um den Thron auf einem Bein.

Lacht dann: "Kläuchen, Freund, auf Ehre! Dieser Rath ist superfein!"

Langt d'rauf aus der Hosentasche
Einen Beutel, schwer voll Gold,
Sprechend: "Trink dir eine Flasche
Auf mein Wohl. Ich bin dir hold!"

21.

„Zieh mir aus die Kleider alle, Diese und den Kopf nimm mit,
Dann kann mich in dieser Falle Nicht erkennen Rhampsinit!"
Und, wie ihm geheissen, thut der Mit dem Pallasch in der Hand.

Schmerzlich zwar für jeden Bruder, Aber dennoch voll Verstand.

Ruppsippos, so heisst der Arme,
Trägt im Schnupftuch eiligst fort
Seines Bruders Haupt, das warme,
Bringt es hin zum sichern Ort.
Majestät am andern Morgen Hüpft zum Schatz, erwartungsfroh. 
Siegel, Riegel wohlge= borgen, 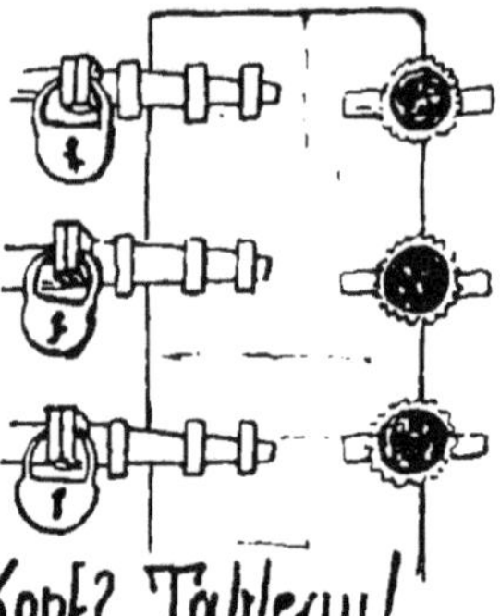
Dieb entseelt. — Der Kopf? — Tableau!
(Pudelnackigt in der Falle,
Ohne Kopf, ganz mausetodt,
Sitzt der Dieb. Die Wände Alle
Sind bespritzt vom Blute roth.)

Söldner hingen
an die Mauer
Sehen Leichnam,
Halten Wacht,
Stehen listig
auf der Lauer,
Gut bewaffnet,
Tag und Nacht.
Sollte klagend
Einer kommen,
Würd er schleunigst
eingesteckt,
Und vom König dann vernommen. Hei! so wird der Dieb entdeckt!

Richtig – wie die Weiber alle,
That's auch Mutter Eusippos
Und ging in des Königs Falle,
Klagend über ihren Spross,
Klagte, schrie: "Schaff mir die Leiche,
Brudermörder, Galgenstrick!
Sonst zum König ich entfleuche, Klag ihm Alles, Stück für Stück!"
Mutter, halte deinen Rachen,
Den Geehrten, endlich still,
Diese Sachen sind zum Lachen.
Ich den Leichnam holen will!" –
Sieben Schläuche aus dem Keller
Nahm er.
Sieben Esel auch
Aus dem Stall. Mit Muskateller
War gefüllt ein jeder Schlauch.
– Und die Esel, schlauchbeladen,
Trieb zur Wache Ruppsippos,

28.

An der Ecke, in dem Drecke,
Liegen schnarchend Alle dann.
Doch da kriecht aus dem Verstecke
Ruppsippos, der schlaue Mann,
Und barbiert mit scharfem Messer,
Die bekneipten Wächter all' —
Doch nur rechts die Schädel, Besser
Fand er dies für diesen Fall.
Dann schnitt er die steife Leiche
Von dem Schandstrick ratschdich ab.

Und nach diesem kühnen Streiche Schob er ab in sanftem Trab.

Drauf der König spuckte Feuer,
Als man ihm die Mähr gebracht,
Tobte, raste ungeheuer,
Weil er übertrumpft, verlacht.

Seine Tochter, Rasa hiess sie,
Tugendhaft, Aegyptens Zier,
Dabei hübsch und jung, er liess sie
Zu sich kommen, spricht zu ihr:

Rasa will nicht. — Hilft nichts. Musste. —
Und so hält die Aermste still.

Tag's darauf dann der Bewusste
Auch den Kuss sich holen will.
Ruppsippos, der schlaue Junge,
Merkte, wie die Sache stand,
Hieb, nicht faul, mit kühnem Schwunge
Ab des todten Bruders Hand.

Und mit dieser, wohlverborgen,
Trat er dann zur Rasa hin,
Küsst sie kräftigst, ohne Sorgen,
Öftermals mit frohem Sinn.
Ach ein Kuss! zwei Lippenpaare
Auf einander fest gedrückt,
Männlich, weiblich, ist das Wahre,
Das berauscht, entzückt, beglückt. —

„Seel'ge Lust, o süsse Wonne,
Rasa, Engel! habe Dank!
Doch nun komm'es an die Sonne,
Hör! ich sag es frei und frank:
Ich! ich bin der Attentäter!

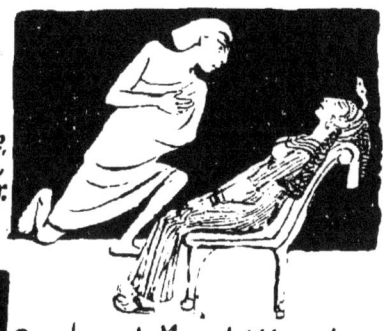

Den du suchst – er steht vor dir.
Halte fest den Schwerenöther,
Schönstes Weib, Aegyptens Zier!"
Rasa, in der dunklen Kammer,
Schnappt nach ihm, fasst eine Hand,
Doch zu ihrem grössten Jammer Sie den Dieb daran nicht fand.

Und der König liess verkünden:

"Dieb! Aegyptens schlauster Mann, Soll
sich stellen. Seine Sünden Sind ver=
geben ihm alsdann. Wollen reichlichst
ihn belohnen. Eine Gnad' sei ihm
gewährt. Und, als Paladin der Kronen,
Er im Reiche hochgeehrt!"

Ruppsippos vertraut dem Worte, zog die Sonntagskleider an,
Von der allerbesten Sorte, Stellt sich vor den König dann

Dieser sieht mit Wohlgefallen
Jenen an und spricht: "Heraus
Mit der Sprache, bitt' vor Allen
Dir jetzt eine Gnade aus!"

Ruppsippos ist nicht verlegen, Spricht: "Der Kuss von Rasa's Mund
That's mir an. Hab' nichts dagegen Schliesst Du unserm
𝕰hebund!"